APPERÇU

D'UN PLAN

D'ÉDUCATION PUBLIQUE.

2dil - 1970

Re - p - R
915
8:R
13622

APPERÇU

D'UN PLAN

D'ÉDUCATION PUBLIQUE,

Avec quelques idées sur l'HOMME, considéré sous les deux aspects, d'homme naturel et d'homme social.

PARIS

L'AN QUATRIÉME DE LA LIBERTÉ.

A M. LE PRÉSIDENT

DE L'ASSEMBLÉE NATIONALE.

Monsieur,

L'ASSEMBLÉE nationale va penser à l'éducation publique. Je me suis occupé de cet objet : et je désirerais lui faire hommage de mon travail.

Ce sont les réflexions d'un jeune solitaire qui a beaucoup vécu, qui a perdu son état et sa santé dans la révolution, qui n'a plus que son zele, mais qui l'a tout entier.

Je prendrez donc la liberté de vous prier, MONSIEUR LE PRÉSIDENT, de m'indiquer le jour, où je pourrais me présenter à la barre.

J'ai l'honneur etc.

QUENARD,
Ancien représentant de la commune de Paris, conseil officieux, et citoyen de Nanterre.

DISCOURS

A L'ASSEMBLÉE NATIONALE.

MESSIEURS,

DANS un âge peu avancé, j'ai connu presque tous les malheurs, et par conséquent presque toutes les jouissances ; mais la plus grande de toutes, vous m'avez permis de l'éprouver, MESSIEURS, c'est d'offrir à sa Patrie l'hommage d'un travail que l'on croit pouvoir lui être utile.

J'arrive un peu tard, pour vous présenter cet APPERÇU D'UN PLAN D'ÉDUCATION PUBLIQUE, après l'ouvrage, dont vous avez entendu et applaudi la lecture. Je n'ai pas l'orgueil, sans doute, de lutter contre son auteur; mais j'ose croire que vous me pardonnerez, MESSIEURS, celui de vous prouver mon zele.

QUELQUES IDÉES

SUR L'HOMME,

CONSIDÉRÉ SOUS LES DEUX ASPECTS D'HOMME NATUREL ET D'HOMME SOCIAL.

LA nature ne connaît que deux loix, la production et la destruction. Tout ce qui sort de ses mains y retourne, de la même maniere, qu'il

en était sorti. L'enfant qui vient de
naître et l'homme qui meurt, semblent
n'être que de la matiere ; l'enfant n'a
pas encor d'âme, le vieillard n'en a
plus. L'un a oublié de sentir, l'autre
ne l'a pas encore appris. Organizez
donc la matiere, avant de lui donner
un âme, puisque celle-ci n'est que
le millieu des facultés de l'homme,
et qu'il doit finir, comme il a commencé.

* * *

En vain essayerez-vous de façonner
son moral, si vous ne savez pas
jusqu'où il peut s'étendre ; et vous

ne le saurez jamais, si vous ignorez d'où il résulte, et comment il se forme. Prenez la nature sur le fait ; aidez-la, mais que là où elle finit, l'art commence.

* * *

Calculez, avant tout, jusqu'où peuvent s'étendre ses facultés physiques, vous connaîtrez bientôt toute l'étendue de ses facultés morales, puisqu'elles en dérivent.

Descendez donc dans vous même, et vous y trouverez tout ce qu'il faut savoir : car la nature est simple dans ses moyens : et, de même qu'elle a

donné à chaque espece la même
physionomie et les mêmes organes,
de même aussi elle a imposé à vos
organes, à tous, la nécessité des
mêmes sensations.

★ ★ ★

Tout ce qui vit est curieux,
observateur et despote : tel est l'instinct général de tous les êtres. La
curiosité est l'effet du jeu des organes,
l'observation en est le résultat et
le despotisme naît de la nécessaire
volonté qu'a chaque individu de
satisfaire ses besoins. L'amour de soi
est donc la premiere vertu de l'état

de nature et le premier vice de l'état /
social.

* * *

La curiosité s'étend sur tout ce
qui n'est pas nous ; l'observation sur
tout ce qui frappe nos sens ; le despotisme sur tout ce qui est à notre
portée.

* * *

Dans l'état de nature, nous ne nous
connaissons pas, et nous ne désirons
pas nous connaître ; mais, dans l'état
social, nous en sentons la nécessité,
pour bien connaître les autres ; et

notre curiosité s'étend jusque sur
nous mêmes. Dans la nature, nos
sensations sont bornées à deux effets,
le plaisir et la douleur physiques;
l'habitude et la mémoire en font
distinguer les accidens. Dans la société
au contraire, l'habitude et la mémoire
ont fait plus, elles nous ont donné
l'expérience d'une part, et la pré-
voyance de l'autre : et dès-lors la
crainte et l'espérance, les desirs et les
regrets, en augmentant nos dangers,
ou nos besoins, ont étendu la nécessité de nos observations. Dans l'état
naturel, nous ne sommes despotes
que sur ce qui tient à nos besoins
physiques, parce que, passé ceux-là,

nous n'en avons plus ; dans l'état civilisé nous en avons bien d'autres et les passions, qui en sont le résultat, nous inspirent le désir de régner sur la volonté des autres, et, quelquefois même, sur celles que la nature nous a ordonné d'avoir.

L'homme ne porte donc dans la société, si je puis m'exprimer ainsi, que ces trois instrumens de la nature, dont il modifie l'usage, suivant ses passions et l'amour de soi qui est son unique moteur.

* * *

La nature ne connaît que trois états, de même qu'elle ne connaît

que deux fins. Ces trois états sont :
le commencement, le milieu, le
terme ; la naissance, la vie et la mort ;
hier, aujourd'hui, demain . . .

Il lui fallait des intermédiaires :
elle a créé les deux sexes. Le mâle
est plus fort, plus courageux et plus
actif ; la femelle est plus douce, plus
sensible et plus patiente : elle est
comme le milieu entre l'individu
parfait, et celui qui n'est encore qu'é-
bauché ; se rapprochant également
des faiblesses de l'un, et des passions
de l'autre, elle est toujours aimable
comme l'enfant, et quelquefois aussi
raisonnable que l'homme.

* * *

En formant les especes, la nature
leur a donné à chacune l'instinct qui
lui était propre. L'homme avait sans
doute aussi son instinct particulier ;
mais, en lui donnant la faculté de
la parole, la nature lui a aussi donné
le moyen d'enrichir son expérience,
de celle de ses semblables, et la
physionomie locale de son instinct,
a insensiblement dû se défigurer.

★ ★ ★

Nous voyons en effet les animaux
toujours esclaves de leur instinct :
leurs actions les plus indifférentes
sont toujours nécessitées par lui. Les

animaux domestiques eux-mêmes, qui comprennent un peu de notre langage, à qui nous avons donné, en quelque sorte, une éducation, agissent toujours, comme ceux de leur espece, de quelque pays et de quelque climat qu'ils soient. Aussi les premiers n'ont-ils jamais ensemble d'autre communication, que celle de la reproduction ; aussi les autres n'ont-ils de la docilité que par habitude, et jamais d'analogie avec nous.

* * *

L'homme s'est affranchi de l'esclavage de l'instinct particulier à son

espece par le raisonnement. Ce n'est
pas que le raisonnement soit chez lui
un don de la nature, elle ne donne
que des besoins et des organes pour
les satisfaire ; mais en donnant à
l'homme la faculté de la parole, elle
lui a donné la possibilité du raisonnement.

* * *

Deux hommes se sont rencontrés,
ils avaient chacun le même but,
celui de leur instinct ; mais ils avaient
observé, chacun à leur maniere. Ils
se sont communiqués leurs observations ; et dès-lors, leur expérience

s'est doublée. S'étant ensuite réunis à
d'autres, ils l'ont multipliée à l'infini,
leur langage s'est étendu, leurs idées
se sont aggrandies, leurs besoins se
sont augmentés, leur curiosité s'est
accrue et fixée, leurs observations se
sont généralisées, leur expérience a
connu les bases invariables du cercle
de la vie : ils ont calculé jusqu'au
hazard et à la volonté possible des
autres individus ; ils ont prévu, craint,
espéré, desiré, regretté ; ils ont re-
connu qu'ils étaient devenus trop
faibles, pour l'étendue de leurs nouveaux besoins ; ils se sont rapprochés,
et la société s'est formée.

* * *

L'intérêt est le dieu de la multitude, parceque, plus il y a d'individus, plus chacun craint pour son intérêt personnel, plus il sent qu'il a besoin de se r'approcher des plus nombreux et des plus forts.

L'homme n'a donc conservé de son instinct, que l'amour de soi qu'il a de commun avec tout ce qui a vie; et, comme tous les hommes ont les mêmes besoins, les caractères doivent avoir aussi la même trempe.

Ainsi réduisons l'instinct actuel de tous les hommes à l'amour de soi; et nous verrons pourquoi et comment la société se forme, les despotes l'enchaînent, les intrigans la bouleversent

et les grands hommes l'éclairent et
l'affranchissent.

* * *

L'homme est-il bon, ou méchant?
Ce n'est point un problème. Dans
la nature, il n'est ni l'un, ni l'autre,
car là, il n'y a rien, ni de bon,
ni de mauvais, tout y est bien.

Parce que la nature n'a que deux
effets, la production et la destruction, dira-t-on que les animaux
qu'on apelle improprement féroces,
sont plus mauvais, en ce qu'ils vivent
de la destruction des autres especes,
que les frugivores qui vivent de la

destruction des végétaux ? . . . . Si
l'homme porte sa main destructive
sur tous les règnes de la nature, sur
ses semblables eux-mêmes, ce n'est
pas qu'il soit proprement mauvais,
c'est qu'il a abusé de la nécessité où
il est de détruire, pour se conserver.

★ ★ ★

Dans l'état de nature, l'homme n'a
pas besoin d'éducation ; son instinct
lui suffit ; il en sera l'esclave, et ne
sera, ni bon, ni mauvais, mais ce qu'il
doit être.

Dans l'état de société, il lui en
faut une, pour garantir ses sembla-

bles , et prévenir l'abus qu'il pourrait faire de l'amour de soi.

* * *

Que cette éducation soit en raison
de ses besoins respectifs. Son premier
besoin est l'amour de soi ; le second
est l'intérêt de sa volonté : celle-ci
lui donne le desir d'être libre.

Si vous voulez qu'il ait l'amour de
la liberté, ne le forcez pas à vouloir
être libre. Souvenez - vous que la
génération actuelle n'a brisé ses fers,
que parce qu'on l'a forcée d'en
recevoir.

* * *

J'ai toujours vu que les enfans détestoient les maximes, la maniere de voir, et jusqu'à la profession de leurs peres, parce que ceux-ci étaient trop injustes, pour souffrir qu'ils eûssent une volonte.

Je veux cela, parce que je suis vôtre pere ! . . Je sais cela mieux que vous, parce que j'ai plus d'expérience ! . . . vous êtes trop jeune encore, pour avoir des volontés ! . . . Quand vous aurez des enfans, vous ferez comme vous voudrez. . . . á présent, il faut m'obéir ! . . . etc. Voilà ce que nous ont dit nos peres ! . . . L'équité est dans la nature : l'enfant ignore qu'il ne sait pas ; mais il est juste : il se révolte,

et soupire après son affranchissement,
en se promettant bien de ne pas user
d'une rigueur qu'il désapprouve. . .
Hélas! on ne veut pas se persuader
que l'expérience ne s'aquiert que par
soi-même, et ne se double que par
la confiance et l'intimité.

* * *

Voyez deux enfans, ou deux hommes
du même âge : leurs idées sont ana-
logues, ils se communiquent leurs
plus sécrettes pensées ; ils se rendent
raison des sensations de leur âge : et
leur expérience se forme successivement, d'année en année ; et leur
amitié dure jusqu'à la mort ; parce

que tout grandit chez eux, dans la
même proportion.

* * *

Où avez-vous vû au contraire un
pere être l'ami de son enfant, à moins
qu'il ne se soit descendu à sa portée?..
Ah ! s'il veut parler avec lui le langage
de la parfaite raison, il n'en sera pas
entendu : et toutes ses belles morales
ne lui donneront que de l'ennui, du
dégoût, ou des vices.
Oui ! des vices !.. parce qu'en
nous prêchant vertu, quand nous n'a-
vons que des organes, un être de
raison ne frappe point nos sens : on
nous annuye, on nous dégoutte ; et

si l'ennui et le degoût échauffent assez notre sang, pour que notre imagination naisse et fermente, notre entendement s'ouvre alors sous de bien malheureuses auspices?. . Car l'effet de l'ennui est toujours de créer, dans l'imagination, des chimeres qui sont tous l'opposé de ce qui nous déplait.

* * *

Si donc vous voulez perfectionner l'homme, gardez-vous de lui parler d'idées abstraites, avant qu'il puisse les concevoir. Imitez la progression de la nature; abregez les siecles, mais qu'il se perfectionne, dans le même ordre, que le genre humain s'est perfectionné. Laissez lui d'abord développer ses organes : présentez leur l'occasion d'agir, accélérez leur action, favorisez l'habitude : la mémoire viendra ; et bientôt la curiosité de votre élève se portera d'elle-même sur ce que vous voudrez qu'il connaisse. Laissez lui alors le tems d'observer ; ensuite vous n'aurez pas de peine à lui former le raisonnement, sur l'expérience que vous lui aurez ainsi fait acquerrir.

Bientôt, si vous le voulez, vous pourrez, sans craindre de l'empoisonner de préjugés et de faiblesses, lui présenter des idées métaphysiques, et la raison les lui fera bien adopter, s'il faut , pour son bonheur , qu'il les adopte.

* * *

Tant que l'enfant est dans l'état de nature , n'essayez donc pas de lui donner d'autres loix , que celles de la nature : il vous trouverait injuste , et vous perdriez sa confiance.

Il est un âge , où on la donne bien aisément , mais où on la retire de même. Si vous avez eu le malheur de la perdre , gardez-vous de continuer l'éducation de cet enfant : il ne vous entendrait plus ; il craindrait que vous ne lûssiez dans son cœur ; et il s'envelopperait , par un sentiment naturel,

de maniere à vous ôter jusqu'au moyen
de deviner qu'il vous hait.

Mais gardez-vous surtout d'éxiger
de lui aucun sentiment de soumission,
de crainte, ou de respect ! . . Ces
vertus-là sont celles d'un lâche ! les
enfans ne connaissent que le sentiment
de la bienveillance : méritez-là . . .

*   *   *

Si votre éleve est parvenu dans
l'âge, où le raisonnement est formé,
vous n.aurez pas besoin de lui dire
qu'il est fait pour la société : il en
sent déjà le besoin ; mais ne le traitez
plus comme l'homme de la nature ;
vous ne le satisferiez plus.

Présentez lui les devoirs de société dont il connaît, et veut partager les droits. Mais comme les deux extrêmes se touchent, choisissez les dernieres loix de la nature, et les premieres de la société ; consultez encore son instinct, en même tems que vous instruisez sa raison ; expliquez-lui ce que c'est que l'amour de soi, en tant qu'indi-vidu isolé : il s'en est peut-être déjà rendu compte intérieurement, du moins il en a le sentiment.

Faites-lui envisager ensuite ce que c'est que ce même amour de soi, en tant que membre de la société : il verra dabord qu'il a droit d'éxiger beaucoup ; mais, par un retour sur lui-même,

et, un sentiment d'équité naturelle,
il sentira qu'il lui faut moins éxiger
des autres, afin que les autres éxigent
moins de lui.

* * *

S'il a une fois formé ce raisonnement
simple, voilà votre homme social
achevé, son égoisme est en équilibre
avec celui des autres, et son intérêt
particulier qui tient, et doit toujours
tenir le premier rang dans son cœur,
concourrera au maintien de l'intérêt
général, dont le sien est une partie
intégrante.

* * *

La société est comme une chaîne composée d'autant de cercles, qu'il y a d'individus. Chacun se met au centre du sien, et place sur la marge les objets de ses affections. De là cet enchaînement heureux qui réunit les hommes, leur donne l'amour des autres, et les rend capables de ces doux sacrifices, dont la réciprocité les dédommage tous avec usure.

Malheur à celui, qui, seul au milieu de son cercle, n'a point placé d'affections sur sa circonférence! c'est comme un chaînon perdu de la chaîne générale, c'est un rouage inutile qui gêne le mouvement des autres, et s'use toujours dans le choc.

Oublions, si nous pouvons, l'é-
ducation monacale que nous avons
reçue : celle-là ne convient point à
des hommes, dont nous voulons
faire des citoyens libres. Elle convient, tout au plus, à des célib-
taires, ou à des moines qui ont fait
vœu de renoncer à tous les devoirs
de la société, pour en conserver tous
les droits.

* * *

Dans les tems de barbarie, où la
moitié du peuple était esclave, et
l'autre insolemment ignorante, les moines
seuls, à qui les moyens de domner

étaient indifférens, n'ont pas dé-
daigné l'étude des sciences et des
belles lettres. Nous leurs devons de
ne pas être tombés sans retour dans
les ténébres d'une ignorance éternelle;
mais leurs institutions d'éducation
étaient aussi monstrueuses, que l'était
leur bizarre assemblage.

Cela n'est pas étonnant. Les moines
s'étaient isolés du reste des hommes;
ils s'isolaient ensuite entre eux; ils
voulaient, dans leur sein, du peuple,
pour y briller. Cette subordination
aveugle à leur chef, cette abnégation
éternelle d'eux-mêmes, en faveur de
leur ordre, ne pouvaient exister qu'en
accoutumant de bonneheure leurs éle-

ves, les uns à faire la doi, les autres à
la reçevoir. Ils formpient des sujets,
pour eux, et selon eux. Peu leur
importait que les trois quarts fussent
à peine dégrossis, pourvu que l'autre
quart billât. Ils apellaient émulation,
ce qui n'est que jalousie ; et , en cela,
c'était bien l'instinct de l'ordre qui
agissait.

Ils avaient institué des concours,
des places et des prix ; ils avaient établi
les exercices les plus ridicules ; leurs
livres moraux étaient des rapsodies de
platitudes qui paralisaient les faibles,
empoisonnaient les forts, et ne fai-
saient de tous que de méchans, ou
imbécilles tartuffes.

Ainsi les colléges étaient, comme la pépiniere, où ils élevaient leurs tyrans et leurs victimes.

* * *

Quand la fureur des armes un peu rallentie eut laissé concevoiraux nobles qu'il était possible d'avoir, quelque mérite de plus, que celui de se bien battre, ils apprirent insensiblement, en passant par leurs mains, combien les moines étaient méprisables : et leur régne a commencé à tomber en décadence.

Oh! que n'a-t-on alors aboli jusqu'à leur moindre institution ! mais tel est le sort de l'homme, qu'il faut bien des générations, pour anéantir un préjugé. On a secoué le joug des moines, et l'on a conservé leurs principes, dans l'éducation des enfans.

Il fallait une révolution, comme celle qui nous a rendus libres, pour espérer qu'après avoir abattu tous les privilèges, combattu tout les préjugés, on pourrait encore en garantir la génération future.

Que ne peut-on la soustraire, cette génération qui sera belle, aux regards mêmes de ceux, qui, pleins de préjugés, n'ont eu que le bonheur d'oser les combattre ! que ne peut-on la cacher jusqu'au moment, où ces hommes nouveaux doués du caractere qui leur convient, pourront reparaître dans le monde , sans craindre les atteintes de la corruption.

* * *

Tout dépend des premieres impressions de l'enfance. Celles-là restent.

L'homme au berceau ne connaît que les charmes du présent qu'il oublie, à mesure qu'il s'écoule : sa vue est encore trop courte, pour concevoir un avenir ; mais, quand il avance dans la carriere, il commence à entrevoir cet avenir qu'il ne soupçonnait pas : le présent disparaît à ses yeux,

et le passé se retrace dans sa mémoire,
avec d'autant plus de vérité, que le
présent ne l'occupe presque plus. Voilà
pourquoi les années de l'enfance sont
si longues, et celles de l'âge viril si
courtes. Voilà pourquoi les vieillards
ne pensent qu'à l'avenir, et ne parlent
que de leur enfance.

Que les premieres impressions soient
donc bonnes, afin qu'elles se retracent
dans l'âge mûr, et que, dans la
vieillesse, elles préparent encore des
jouissances, pour la génération finis-
sante, et d'heureux soins pour celle
qui commencera.

★ ★ ★

Gardez-vous d'introduire dans le cœur de votre élève, le vice de la jalousie, sous le beau nom d'émulation ; l'orgueil, sous celui de grandeur d'âme ; l'habitude de l'esclavage, sous celui de docilité ! ne l'humiliez pas, pour en orgueillir un autre. Ne le punissez pas, parce qu'un autre aura mieux réussi que lui. Tous ne sont pas propres aux mêmes sciences. N'humiliez donc pas gratuitement 50 élèves, parce qu'un seul s'est rencontré propre au genre combat, qui n'était pas celui des autres.

Disposez les goûts, faites les éclore, inspirez les ; mais ne les contrariez point.

Celui qui est propre à l'étude des langues n'a pas besoin d'émulation pour apprendre ; et vous ne ferez pas plus un bon latiniste, d'un élève qui eût été peut-être, en guidant son choix, un bon mécanicien, que vous ne feriez un bon ouvrier, de celui qui n'a que le goût de ce que nous apellons les hautes sciences.

★ ★ ★

Que les enfans apprennent dabord leur langue : cela est indispensable ; mais qu'on ne surcharge point leur mémoire de ces principes inintelligibles et de ce fatras de mots barbares qu

de sciences inutiles, ou ridicules qui
ne sont bonnés qu'à user leur intelligence et leurs facultés.

Nos plus belles années se passent
dans l'étude la plus aride, la plus
fastidieuse et la plus dégouttante : on
commence par nous apprendre à lire
et à écrire, avant de nous apprendre
à parler. Voilà, comme en tout, quand
il s'agit des enfans, on intervertit
l'ordre de la nature et de la raison.

* * *

Quel est donc l'ordre de la nature,
dans le développement du langage,
et progressivement dans celui de l'expérience et des facultés morales ?

L'homme a dabord formé des sons ;
le retour de ces sons a composé des
mots et des phrases.

Avant d'apprendre à lire, l'enfant
en est là : il forme des sons, des
mots ensuite, et enfin quelques phrases
d'habitude.

Il a fallu bien des siecles, pour
avancer le genre humain au point, où
en est un enfant de quatre ans... Mais,
de même que l'aquisition de l'habitude
s'est accélérée, en cela, pour lui,
dans l'état actuel où nous sommes,
de même aussi, comme les sciences
sont trouvées, il faut, en imitant la
progression des découvertes humaines,
abréger, pour lui, les périodes de

la perfection. Car, si le genre humain
s'est perfectionné de cette maniere,
il faut que ce soit la bonne, je dirai
plus, la seule praticable, pour perfectionner l'homme.

* * *

Mais quel est le premier pas qu'il a
fait, après avoir trouvé les sons et les
mots ? il en a connu la force et la
valeur ; et cette tendence à l'ordre qui
est dans toute la nature, l'a forcé de
classer son langage et ses expressions,
selon la vérité de la nature, ou de
ses sensations. Il a communiqué avec
ses semblables ; et il a été bien

entendu d'eux, parce que chaque
mot a eu sa juste valeur.

Ses idées s'étant multipliées, sa
mémoire s'est bientôt trouvée insuf-
fisante : il a désiré l'aider ; et, voyant
que les mots disparaissaient, à mesure
qu'ils se prononcent, il a imaginé
des signes représentatifs de ces mots.
Voilà, je crois, l'origine de l'écriture.

Apprenez donc, avant tout, à
l'enfant, les mots de sa langue, et
leur juste valeur ; mais que ce soit
par des images absolument matérielles :
n'oubliez pas qu'il ne raisonne pas
encore, qu'il n'a que la faculté de
raisonner, qu'il est, pour ainsi dire,
encore tout matière, et que son pre-

mier besoin moral est d'accoutumer
peu à peu ses organes à l'action pour
la quelle ils sont destinés.

* * *

Quand il connaîtra la valeur du
langage, faites lui entendre qu'il est
encore un moyen de s'entretenir ensemble, autre que celui de la parole,
expliquez lui comment, par des signes
représentatifs, l'œil saisit les idées,
sur le papier, comme l'oreille les
saisit, dans les sons qui la frappent.
Il vous entendra alors ; et vous pourrez
lui démontrer les principes de cet art
sublime, qui à coup sur, l'intéressera,

soit par simple curiosité, soit dans
l'espoir de doubler ses plaisirs. Car
il y a du plaisir à faire agir ses organes : c'est le vœu de la nature. Plus
on a d'organes, plus on jouit. La
ressource de l'écriture semble nous
faire, de notre imagination, un organe de plus, qui nous promet aussi
ses jouissances : et celles-là sont,
presque toujours, les plus satisfaisantes
et les moins ameres.

* ✱ ✱

Ainsi montrez lui les caracteres de
sa langue, mais de la même maniere,
que vous lui avez enseigné la valeur

des sons et des mots. Ne lui faites
point lire ces bouquins indigestes et
plat, dont on nous a assommés dans
nos jeunes années ; ne lui mettez pas
la plume à la main , pour former ces
caracteres : ce n'est que de pur mé-
canisme. S'il en a envie ; laissez le
faire.

✳ ✳ ✳

A trois ans et demi je savais lire.
Un homme respectable, qui vit encore,
et qui a déjà presque vu un siecle,
a imaginé une méthode, avec la quelle
il m'a enseigné , en six semaines , non
seulement à connaître les caracteres

et à les assembler , mais encore à savoir les principales regles de l'orthographe. Tous ses éleves ont également réussi. . . . Il n'en est pas plus riche. . . .

Son procédé consiste dans d s caracteres mobiles imprimés sur des cartes , distribuées dans des cases , comme celles des imprimeurs ; et l'enfant à qui l'on fait composer les mots qui lui sont le plus familiers , après lui avoir enseigné la valeur des caracteres , apprend en même tems à lire et à écrire : car , encore une fois , écrire n'est pas peindre mécaniquement des caracteres , mais c'est les assembler.

* * *

Quand vous en êtes là, voyez ce
que votre élève peut apprendre de
plus. Avant de le précipiter dans l'é-
tude fastidieuse des langues, ou des
sciences abstraites, sachez s'il ne
serait pas plus analogue à ses facultés,
de savoir autre chose : car peu importe
à l'état la manière dont on le sert.

* * *

Gardez-vous qu'il soupçonne qu'une
profession peut être plus distinguée,
qu'une autre. Ne consultez que son
goût ; mais ne prenez pas, pour son
goût, ce qui serait de l'orgueil, ou
de la paresse. Éloignez de lui, s'il se

peut, jusqu'au nom et à l'idée de ces
deux vices qui sont la source de tous
les autres.

* * *

Établissez donc un gymnase public,
où l'on démontre dans des classes
séparées, toutes les sciences, tous les
metiers, et toutes les inventions humaines. Mais que la démonstration
soit toujours à la portée des enfans,
par des images tirées de leurs idées
les plus familieres.

* * *

Nous ne sommes plus dans ces tems
d'iniquité, où l'héritier d'un vain

nom était dispensé de travailler, et de mourir de faim, tandis que l'homme utile et laborieux était condamné à porter, outre le faix de sa misere, l'inutile fardeau de ces vampires privilégiées. Un homme ne vaut pas plus, qu'un autre. Les fortunes s'écroulent ; mettez les hommes à l'abri des revers.

* * *

Cette caste d'hommes inutiles, ignorans et privilégiés, vous pardonnera-t-elle d'avoir dissipé la fumée de grandeur qui était son seul mérite? N'élevera-t-elle pas ses enfans dans la haine de vos principes?

Tous les enfans appartiennent à l'état. Arrachez les au sein de leur famille, où ces jeunes plantes s'étouffent, ou s'abâtardissent; et transplantez les dans le sol qui leur convient, dans celui, où, croissant librement, ils commenceront un nouvel âge, et, pour ainsi dire, une nouvelle espece.

★   ★   ★

Qu'ils reçoivent tous la même éducation, chacun dans le genre qui lui est propre, suivant ses facultés naturelles, et non les moyens pécuniaires de ses parens.

Que l'enfant du laboureur soit au moins, dans le passage qui le conduit à la société, comme il l'est aux yeux de la nature, l'égal parfait de l'enfant du riche, de l'enfant des rois lui-même.

C'est surtout celui-ci, qui doit essentiellement connaître les loix de l'égalité naturelle, la justice de ses égaux, les travaux de la société et l'tilité de chacun, avant de devenir l'organe de la volonté générale.

Je désirerais même qu'il ignorât le rang, où sa naissance l'apelle, jusqu'au moment, où son éducation sera finie.

★ ★ ★

Qu'on ne m'objecte pas qu'il peut arriver que le fils d'un roi , incapable des hautes sciences, jette les yeux sur une profession au-dessous de sa condition de roi. Voilà de ces vieux préjugés que détruit un vieux proverbe : il n'y a pas de sots métiers, il n'y a que de sottes gens. Élevez tous vos enfans comme si vous n'aviez pas de rois, ou comme s'il devaient tous regner.

Il n'y a jamais de gens d'esprits, qu'aux dépens des sots. Eu égard à lui-même, un homme n'est, ni l'un ni l'autre ; et, dans l'ordre de la nature, le fils d'un roi n'est pas plus fait pour briller , que pour faire briller les autres.

Qu'il sache ce qu'il pourra savoir; mais qu'il sache surtout que les hommes sont égaux, libres, faits pour être utiles, et qu'un roi n'est souvent que le plus mince, ou le plus épais homme de son royaume.

* * *

Que tous les enfans soient donc indistinctement livrés à l'éducation générale.

Ceux que la fortune n'a point favorisés, n'en sortiront qu'avec l'âge, où ils pourront vivre par eux-mêmes, en exerçant avec honneur la profession qu'ils auront choisie.

Quelques uns même, doués d'une
intelligence facile, en connaîtront
plusieurs à fond; et tous auront saisi
les principes mécaniques de tous les
arts ; tous connaîtront les loix, les
productions de la nature. et comment il faut l'aider dans ses opérations.

★ ★ ★

Ceux qui seront appellés à jouir
des dons de la fortune, emporteront
dans leur famille des talens quelcon-
ques, suffisans pour les mettre à
l'abri des revers, et surtout un sentiment de bienveillance, envers leurs
anciens camarades, qu'ils regar-

deront encore quelquesfois, comme leurs bons amis et leurs égaux.

* * *

Que les deux sexes soient réunis, la nature ne les a pas faits pour être séparés. C'est une monstruosité monacale, que de forcer ainsi, en quelque sorte, la nature à se tromper, dans les affections du cœur. On m'entend . . . L'homme est fait pour sentir, dans l'âge des passions : et alors, s'il ne voit pas le but, où la nature l'attend, où il se concentre en lui-même, où il s'égare dans ses désirs. L'une et l'autre erreur sont

également funestes, et aux mœurs,
et à la population, et à l'espece.

Remplissez donc le vœu de la nature ; et laissez croître les deux sexes
ensemble, puisqu'ils sonts fait l'un
pour l'autre.

Mais, comme vous êtes dans l'ordre
social, prenez les précautions qu'il
nécessite, veillez sur leur innocence.
Vous le pourrez sans peine, si vous
ne confondez pas les âges, si vous
ne permettez leur réunion, que dans
les repas, les jeux, les promenades
et les exercices qui sont communs
aux deux sexes.

Oh ! quel tableau que celui de cette
génération tout entiere, qui n'est,

pour ainsi dire, qu'une famille, qui prend les mêmes goûts, les mêmes mœurs, peut-être aussi les mêmes préjugés, s'il est donné à l'homme d'en avoir ! la pétulance des uns modérée, par la douceur des autres, la complaisance payée par les égards, la disposition à n'aimer que ce que la nature veut que nous aimions, un apprentissage de la vie civile : Voilà ce que procurrera cette réunion à vos interressans eleves.

Ne craignez pas la corruption. Un frere et une sœur se corrompent-ils donc, parce qu'ils vivent ensemble, au millieu de la dépravation de vos mœurs ? Ils perdent leur innocence

au contraire, dès l'instant, où vous
les séparez. Car alors ils veulent
savoir pourquoi vous l'avez fait. Les
enfans saisissent tout, ils s'interro-
gent, et les plus clairvoyans, ou les
plus grands, éclairent, et souvent
pervertissent les autres. Les filles surtout, dont la vie est moins active,
les mouvemens plus précoces, et l'é-
ducation plus détestable, se perdent
entre elles sans ressource.

* * *

Il y avait autrefois deux éducations ;
celle des colleges, ou des couvents,
et celle du monde. L'une fesait des

imbécilles, ou des bigottes, l'autre
des fourbes, ou des valets.

Dans les collèges, on apprennait
platement le latin aux garçons, et
rien de ce qui peut leur être avantageux, ou les rendre utiles dans le
monde.

Dans les couvents, on apprennait
aux filles, tout ce qu'il faut, pour
être de ridicules beguines, et rien
de ce qui peut en faire de bonnes
meres de famille.

Dans le monde, on apprennait aux
garçons à faire leur cour à plat
ventre, à gagner de l'or, à respecter
et servir les despotismes de tous les
genres, et à être des libertins ef-
frontés.

Aux filles, on leur montrait l'art de la dissimulation et de la coquetterie. Elles n'apprennaient de la sagesse, que ce qu'il en faut, pour déguiser ses débordemens.

On eût dit que les uns devaient, par état, tenter, ou persécutter la vertu, et les autres, n'en prendre que le masque, pour mieux tromper... O science abominable d'un monde perverti, qui ne craint pas pour la vertu, pourvu que le fantôme en reste!...

Si des deux sexes, l'un est le plus fort, il peut être le plus entreprennant, mais non pas le plus effronté ; l'autre doit être le plus réservé, mais non pas le plus faux.

Ne condamnons pas notre belle génération future à recevoir, pendant
le premier tiers de la vie, l'impres-
sion destructive des préjugés, le
second tiers à les combattre et se créer
des vices, et le dernier période de
l'existence, à pleurer l'erreur du premier, et le crime du second! . .

* * *

Que les deux sexes ayent donc la
même éducation, jusqu'à l'écriture
inclusivement. Que leurs devoirs
soient séparés; mais qu'ils prennent
leurs leçons, leurs repas, et leurs di-
vertissemens en commun.

* * *

Passé cette première révolution, que les lieux d'étude soient différens. Que chaque sexe apprenne ce qui lui convient, mais surtout ce qu'il faut, pour être bon époux, bon père, bonne épouse, et bonne mère de famille.

* * *

Qu'ils soient tous vêtus proprement, mais simplement, et de la même manière : les garçons, en uniforme, les filles, en blanc. Il faut que ce sexe soit accoutumé de bonne heure à la propreté : le blanc exige cette précaution.

Que chacun, en se levant, fasse lui-même son lit, et tout ce qu'il peut faire de sa toilette. Ne les accoutumons pas à être servis, puisqu'ils ne le seront pas toujours tous.

Qu'ils ne soient jamais distingués que par des noms de baptême; jamais de MONSIEUR, ni MADEMOISELLE: tous ne seront pas ainsi apellés, dans le monde. Ne les mettons pas dans le cas de croire qu'ils auront déchu de leur première condition. Ne dédaignons pas les riens, avec les enfans: tout frappe à cet âge... Et ne voyons-nous pas que c'est toujours dans les riens, que l'on connaît les hommes; que c'est par les riens, qu'on les intéresse, qu'on les conduit, ou qu'on les perd.

* * *

Gardons-nous surtout de permettre que le sexe le plus faible exige trop du plus fort. Celui-ci n'aurat que de la mollesse : et celui-là n'aurait que de l'orgueil et la coquetterie.

Dans l'ordre actuel, les petites filles veulent que les garçons leur cedent toujours. S'ils resistent, elles ont grand soin de s'autoriser de l'usage, où l'on est dans le monde, de dire aux garçons, qu'ils doivent toujours être complaisans, envers les filles, parce

qu'elles sont des filles. Ainsi le plus
faible apprend à regner impérieu-
sement sur le plus fort.

Les femmes qui ne sont, comme
je l'ai dit, dans leur état de perfection,
que l'intermédiaire, entre l'enfant et
l'homme, conservent, dans un âge
plus avancé, cette passion à l'empire,
dont les dispositions ont été si dou-
cement encouragées, dans l'âge le
plus tendre.

L'homme trop bien préparé à la
complaisance, s'étonne pourtant quelquefois, qu'un être aussi faible lui
commande; mais l'attrait de la nature
l'éblouit, son penchant l'étourdit,
son sang s'échauffe, son cœur fris-
sonne, il obéit : et ce n'est plus qu'un

vile esclave qui rampe aux pieds
d'une femme, ou se rend criminel,
pour servir ses caprices, ou ses ven-
geances.

Quelquefois, son imagination le
trompant, il oublie le sentiment de
sa dignité, il se dégrade lui-même,
et, véritablement indigne de la pos-
session d'une femme, il n'ose élever
ses vœux jusqu'à elle; mais il l'abaisse
s'enorgueillir d'une honteuse domi-
nation, et la rend, jusque dans son
idée la complice de ces passions bi-
sarres, qui déshonorent autant celle
qui les satisfait, que celui qui les
conçoit.

Triste et fatale erreur que l'habitude
rend nécessaire, et qui fait l'homme.

égoïste, jusque dans ses plaisirs!..
Quelques uns m'entendront....

* * *

Établissons autant de maisons d'éducation séparées, qu'il y a de révolutions d'âge, afin que les enfans ne
soient jamais confondus.

Que leurs maîtres les suivent jusqu'à
la fin : car les enfans sont plus constans
qu'on ne pense... Nous, plus nous
nous éloignons de la nature, plus nous
sommes constans, dans nos occupa-
tions, et inconstans, dans nos affections.

Les enfans varient souvent dans leurs
jeux, mais rarement dans les sentimens
de leur cœur... Ainsi ne leur ôtons pas
un maître qui leur plaît....

APPERÇU

D'UN PLAN

D'ÉDUCATION PUBLIQUE.

———————

Tous les enfans de l'un et l'autre sexe, de quelque condition qu'ils soient, seront entretenus et instruits aux dépens de l'état.

Quand un enfant aura atteint l'âge de sept ans accomplis, ses parens seront tenus de le déposer à la maison d'éducation.

Pour l'entretien des établissemens nécessaires, il sera mis un impôt sur tous les citoyens indistinctement, en raison de leurs facultés, triple, pour les célibataires de trente ans, et diminué d'autant de dixièmes, qu'un pere de famille aura de plus de dix enfans.

Il n'est pas besoin de prouver combien ce calcul serait avantageux à l'état, aux mœurs et à la population.

Il y aura dans chaque département, autant de maisons d'éducation, que de révolutions d'âge, savoir :

Maison d'instruction orale, divisée en deux sections, où les enfans resteront, jusqu'à l'âge de neuf ans ;

Maison d'apprentissage, où on leur enseignera, pendant deux ans, les élémens des sciences, ou des métiers;

Maison de perfection, pour les hautes sciences, où les éleves qui y seraient propres acheveront leurs cours, pendant l'espace de deux ans;

Et enfin Maison sociale, divisée en deux sections, où, d'une part, les enfans de onze ans qui auraient pris des métiers, et de l'autre, les enfans de treize ans qui se seraient livrées aux sciences, feront pendant les deux dernières années de leur éducation, un cours de droit public, de religion et d'exercices militaires.

Dans les départemens dont la population serait trop considérable, on fera plusieurs établissemens de la même espece.

Que chaque maison soit propre, aérée et salubre. Qu'il y ait dans chacune un grand jardin. Que les alimens soient bons, mais frugals, et plutôt des végétaux, que des viandes. Qu'ils ayent du pain, tant qu'ils en voudront.

Que chaque éleve ait son linge particulier, marqué d'un N°. et chacun sa case, où il rangera lui-même, et son linge, et les différentes parties de son habillement.

Qu'on choisisse des maîtres doux, jovials et instruits.

Qu'on fasse des livres, exprès pour nos enfans : car tous ceux que nous avons ne vallent rien, à moins qu'on n'en arrache tout ce qui sent, ou peut faire sentir l'ancien régime, ou les anciens préjugés.

Tâchons que cette génération soit aussi loin de nous, que nous le sommes, de celle qui va mourir. Celle-là fut esclave, et s'enorgueillissait de l'être : elle nous vexa, pour nous forcer à l'imiter ; aujourd'hui, elle fait semblant d'être patriote, après nous avoir apellés : MAUVAISES TÊTES ! . . Nous, nous n'avons eu que le bonheur d'oser combattre les préjugés destructeurs dont elle s'est plu à nous empoisonner...

Les livres que nous avons, quelque soit le mérite de leurs auteurs, ont été écrits, dans un tems d'esclavage et de corruption ; et ce n'est point un paradoxe de dire, qu'il est possible de donner le goût du vice, en le combattant.

Qu'on ne fasse lire à nos élevés, ni Fables, ni Contes de Fées : cela pervertit l'imagination ; et il ne leur faut pas d'idées fausses.

Surtout point de cathechismes : c'est un tissu de commentaires plus obscures cent fois, que les mystères qu'ils expliquent.

L'évangile serait un bon livre, si les paraboles, qui en font la principale beauté, n'étaient pas un peu trop orientales, pour ces enfans, qui ne les entendraient pas.

Toute Cérémonie religieuse dont on ne connaît pas le but, dont on ne peut encore saisir, ni l'esprit, ni la nécessité, ne peut donner que de l'ennui, ou des préjugés. Point de Cérémonies religieuses! Les enfans jouent avec; les hommes en sont la dupe, ou les méprisent. . .

Si un enfant vous interroge, parce-qu'il vous croit plus savant que lui, ou parlez lui vrai, ou bien, ne lui répondez pas, . . .

A quatre ans, je disais à mon père: — vous êtes mon papa? — Oui, mon fils. — Vous avez aussi votre papa, sans doute? — Je l'avais, mon fils, mais il est mort.,. — Ah!.. (et je continuai. Plus on est loin de la mort, moins son idée nous frappe.) Mais, y a-t-il eu un premier papa? — Oui, mon fils : c'est Adam. — Et, quel était le papa d'Adam? — Il n'en avait pas, mon fils. C'est le bon Dieu, qui peut tout, qui l'a fait... — Et, quel était le papa du bon Dieu?..

Mon pere voulut m'expliquer, comment Dieu fit, de rien, le ciel, la terre, les étoiles, et tout ce qui existe... Il m'ennuya; je vis qu'il ne savait pas tout; et il a perdu ma confiance.....

On ne surchargera point la mémoire des enfans, d'aucune idée abstraite ou méthaphysique, ni de ces vieilles rapsodies gauloises, ou latines, qu'on nous a fait répéter, comme autant d'actes de religion, de la maniere la plus barbare et la plus ridicule, jusqu'à l'instant, où plus libres, et à force d'en être las, nous avons rougi de les réciter en secret.

Attendons qu'ils puissent nous entendre, pour leur praler de choses, que nous n'entendons pas nous-mêmes.

Je ne verrais rien de mieux, que d'extraire des pensées des bons livres que nous avons, surtout de Jean-

Jacques ; mais que les recueils qu'on
en ferait , soient surtout rédigés , en
raison des différens âges.

MAISON
D'INSTRUCTION ORALE,
DIVISÉE EN DEUX SECTIONS.

LA premiere section servira , comme
de préparation à l'étude , et de
passage , de la maison paternelle , à
celle d'éducation. Les enfans des
deux sexes y seront déposés à l'âge
de sept ans accomplis. Ils seront sur-
veillés et soignés par des femmes ;
ils prendront leurs repas et leurs diver_

t'ssemens , en commun ; les dortoirs
seulement seront séparés.

Au premier d'Avril, se fera l'ouver-
ture de la maison. Passé ce terme ,
les enfans qui n'auraient pas encore
sept ans , se trouveraient renvoyés à
l'année suivante.

Comme il s'agit de leur donner à
tous les mêmes goûts , il me semble
qu'il faut les commencer tous en
même tems.

Ils passeront un an dans cette section. On les laissera jouer beaucoup ,
tant qu'ils voudront. J'ai toujours vu
que ceux qui n'avaient pas beaucoup
joué, étant petits , étaient des imbécilles étant grands.

On leur fera prévoir autant que
possible , par des récit moreaux , que
chaque âge a ses plaisirs , que si ceux
de l'enfance consistent dans les jeux ,
les jouissances de l'âge mûr , quoique
plus sérieuses et plus tranquilles , ont
aussi leurs charmes. On leur fera
sentir autant que l'on pourra , par
des exemples tirées de leurs jeux , ou
des objets naturels qui tombent le
mieux sous leurs sens , ce qu'ils sont,
ce dont ils sont capables , et qu'ils
seront un jour plus faits , et capables
de plus grandes choses.

La fleur fraichement épannouie
charme l'œil et l'odorat ; et, si elle
vient à se faner , c'est pour faire

place au fruit, qui, dans le tems de
sa maturité, charme encore le goût.

On ne s'occupera point de leurs
querelles particulieres. Les enfans sont
pleins d'équité : ils sortent des mains
de la nature : et la nature est l'équité
même. On les laissera donc se faire
justice, eux-mêmes, à moins qu'ils
ne se portent à des excès. Mais les
enfans ne sont ordinairement méchans,
que lorsqu'ils se vengent sur le plus
faible, de l'injustice du plus fort.
J'appelle injustice du plus fort, tout
éloge, tout encouragement, ou toute
indulgence du maître, pour un éleve
qu'il estime plus que les autres ; et
j'ai vu presque toujours, que ceux

qu'on appellait dans les colléges de
bons écoliers , étaient moins amis de
leurs camarades, plus timides et plus
faibles , en raison de la protection
qu'ils avaient, ou qu'ils comptaient
avoir.

Cependant comme il n'y a point de
regles sans exceptions, qu'il pourrait
s'en trouver de plus méchans , les
uns que les autres , et cela d'autant
plus , que les premiers enfans, qu'on
aura à élever , auront pu contracter
chez leurs parens quelques habitudes,
que les générations futures ne con-
tracteront pas , quand il s'en trouvera
qui annonceront des dispositions à la
méchanceté , qu'on les sépare, pour

un tems ; et qu'on les laisse , s'il se
peut , subir la justice de leur camarades. Rien ne corrige mieux de l'en-
têtement , que le droit et l'usage que
les autres peuvent avoir d'être aussi
entêtés.

Les enfans ainsi disposés à vivre
ensemble , comme freres et sœurs. on
leur fera entendre qu'ils ont la faculté
de la parole ; qu'ils s'en sont servis,
jusqu'à ce jour, pour se communiquer , dans leurs amusemens ; mais
qu'ils deviendront grands , un jour ,
et que cette faculté s'étendra , pour
leur bonheur propre , et pour celui de
leurs semblables ; qu'il faut donc ,
s'ils veulent jouir des plaisirs de cha-

que âge, qu'ils apprennent à connaître tout l'usage de cet organe.

On observera qu'il faut leur prouver que les plaisirs de tous les âges ne sont pas les mêmes, en leur faisant remarquer, comment ils s'amusaient, étant plus petits, comment ils s'amusent maintenant, et comment nous, qui sommes plus tranquilles, nous jouissons aussi à notre manière.

On leur donnera alors une idée nette et raisonnée de la valeur des mots qu'ils prononcent le plus habituellement.

Ces instructions se feront, deux ou trois fois le jour, sans distinction d'heure ou de lieu, par un ou plusieurs maîtres expérimentès, d'accord dans leurs principes et leur manierc.

Mais que ces maîtres soient surtout doués de cette gaieté charmante qui plaît tant aux enfans ; qu'ils soient, comme les bons amis de la maison, qui viennent de tems en tems, rire et s'amuser avec les enfans.

Les enfans ont le sentiment de leur faiblesse : ils aiment que l'on s'occupe beaucoup d'eux.

Cette année écoulée, ils passeront tous dans la seconde section, où on leur répétera, mais plus sérieusement, les premieres leçons. On étendra leurs idées, à mesure qu'elles se forment ; on leur en inspirera de nouvelles ; on leur fera concevoir la nécessité des signes représentatifs de la parole ; on lur en donnera l'idée, et successivement, on leur fera connaître les caracteres.

Je voudrais qu'on adoptât la manière de mon vieux et vénérable instituteur, (M. DE LA ROCHE.) On leur fera donc, avec les caracteres mobiles dont j'ai parlé, composer les mots qui leur sont familiers, et dont on leur a appris la valeur ; on leur expliquera les regles générales de l'orthographe, qui consistent toujours dans la valeur des sons qui doivent composer les mots, dans la différence des especes et dans celle des nombres.

Ensuite on leur indiquera les principes généraux des langues et les règles
particulieres de la nôtre. Si quelques-
unes de ses finesses se trouvaient à
leur portée, on les leur ferait sentir :
car ce serait un grand avantage, pour
eux, de les avoir conçues, dans un
âge aussi tendre.

Enfin on leur fera exécuter les caracteres qu'ils auront appris à connaître. Et ainsi finira la seconde année
de leur éducation.

MAISON D'APPRENTISSAGE.

La seconde maison, que j'apelle maison d'apprentissage, sera un nouveau monde pour eux.

Je désire qu'on y forme autant de classes séparées, qu'il y de métiers, de professions, ou de sciences, dans le monde.

Que les premiers jours de leur arrivée, tout soit en vigueur : qu'ils voyent ramassé, chez eux, tout ce que l'industrie humaine a répandu de miracles, dans l'univers, parmi les grouppes d'oisifs et de riches paresseux.

Que les travaux de l'agriculture surtout, dans tous les genres, et la fabrication de ses instrumens, soient les premiers objets qui les frappent.

On remarquera que je ne veux encore des sciences, que ce qui est expérimental et qui tombe sous les sens. Car il faut voir, avant de concevoir.

La curiosité des enfans les portera naturellement à observer les travailleurs, Cette curiosité s'étendra : ils voudront savoir comment et pourquoi l'on fait. Alors on pourra démontrer.

Les enfans iront, de l'un à l'autre, et là, où ils retourneront, on peut être sur que c'est cela, à quoi ils sont propres. La nature nous guide toujours, dans le sentiment de nos facultés, comme dans celui de nos besoins : laissons donc agir la nature dans le choix de ce qui leur convient.

Quand un enfant aura fait son choix, on l'instruira, de la même manière, qu'on lui a enseigné sa langue.

Qu'il soit, comme le confident de son maître ; que son maître soit son ami.

Quoiqu'un enfant ait fait son choix, ne l'empêchez pas cependant d'observer, ou d'étudier les autres professions, qui pourraient l'intéresser. Mais que les professeurs n'ayent rien de commun avec lui, si ce n'est de

souffrir qu'il assiste à leurs leçons,
et de ne pas s'appercevoir qu'il n'est
pas de leur troupe, à moins qu'il ne
change de goût absolument, et qu'il
ne paraisse décidé à embrasser une
nouvelle profession. Dans ce cas, le
nouveau maître l'adoptera. L'assiduité
sera le tarif du penchant : on ne pourra
pas s'y tromper.

Je me figure ces enfans, glorieux
de leurs études, se communiquer
mutuellement leurs différentes découvertes, et s'inviter réciproquement à
venir voir, pourquoi et comment on
fait telle, ou telle chose qui les a le
plus flatté. Chacun aime à parler de
sa chose, ou de sa profession : c'est
une suite de l'amour de soi.

Ainsi il arriverait tout le contraire de ce qui arrive dans les colléges. L'occupation est la même pour tous ; ils n'ont rien de nouve u, à se dire : leurs études les ennuyent. Passé l'heure du travail, ils n'y pensent plus.

Au lieu de cette insouciance nécessaire, il y aurait, pour nos élèves une nécessité d'intérêt, motivée par la curiosité naturelle à tous les hommes, et principalement aux Français, dont le caractere est, depuis près de deux mille ans, marqué au coin de l'amour de la nouveauté : les Français aiment à causer, et surtout de nouvelles : voilà pourquoi sans doute ils inventent presque tout, et ne perfectionnent jamais rien. Ce caractere tient à leur grande impétuosité, qui, graces à la mobilité de leurs goûts, en fait le peuple le plus brave, le plus ingénieux et le plus aimable de la terre.

Surtout point de récompense, point de punition ! . . L'une, ou l'autre, paraissent toujours le prix, ou le malheur de l'esclavage. Il faut qu'il fasse cela, parce que cela lui plaît, et qu'il le peut faire.

Les enfans resteront dans cette maison l'espace de deux ans, après quoi ceux qui auraient choisi de simples métiers, passeront immédiatement à la maison sociale, dont il sera parlé ci-après.

Ceux au contraire qui se seraient
livrés aux sciences, ou à l'étude des
langues, passeront avec leurs camarades et leurs maîtres, dans la maison
de perfection.

Ainsi je verrais un double avantage
pour tous nos élèves, celui de pos-
séder à fond un talent quelconque,
et celui d'avoir, de tous les autres,
une idée qui peut leur être utile,
ou agréable, dans l'avenir. Au moins
ils ne seraient pas dans le cas de rien dé-
daigner, ou de ne rien connaître.

Rien n'est si ignorant, si bête et
si fier, qu'un grand écolier, qui sort
du collège. Il ne sait absolument
rien, et méprise tout.

MAISON DE PERFECTION,

POUR LES SCIENCES.

LES élèves propres aux sciences, seront alors séparés de nos jeunes artistes. Ils achèveront pendant deux ans leurs cours, dans le même ordre qu'ils les ont commencés. Car, je le répète encore, il n'y a qu'une voie sûre : c'est celle qui est droite. La nature n'en connaît pas d'autres.

Comme je ne donne qu'un apperçu, je n'entrerai dans aucun détail, sur le reste.

MAISON SOCIALE,
DIVISÉE EN DEUX SECTIONS.

LES cours, ou les apprentissages étant finis, les éleves passeront à la maison sociale : savoir, les artistes, dans la section premiere, et les autres, dans la seconde. Je suis forcé de les diviser ainsi, pour ne pas confondre les âges.

Là, ils continueront les uns et les autres, d'acquerrir, pendant deux autres annéés, les connaissances nécessaires aux sciences, ou aux professions qu'ils auraient embrassées,

On leur enseignera de plus, les exercices militaires, le droit public, les loix civiles, en ce qui concerne la police, les délits, la propriété, les droits et les devoirs de chacun.

Ces deux années se termineront par un cours de religion, où, en leur donnant une idée générale de toutes celles qui ont régné sur la terre, du bien ou du mal qu'elles ont causé au genre humain, on leur expliquera les dogmes de la nôtre.

Alors seulement ils assisteront aux cérémonies religieuses. Et leur raison ainsi formée, ils seront à l'abri de tout fanatisme et de toute superstition. Leur vie entière sera garantie de

toutes les faiblesses et de toutes les
erreurs.

Ainsi leur éducation finira, pour
les uns, à treize ans, et pour les
autres, à quinze ? Comme ceux-ci
seront dans l'âge, où les passions
naissent, ou la nature semble achever
son ouvrage, et se complaire dans
la plus heureuse de ses fins, loin de
vouloir lui imposer un frein absolu,
on se persuadera qu'elle sait toujours,
mieux que nous, ce qu'elle fait.

Nous n'avons plus qu'un préjugé
à vaincre : osons le fouler aux pieds,
comme tous les autres : osons faire
connaître, avec prudence, à nos
élèves, ce que c'est, que les passions,

puisqu'ils peuvent l'apprendre, d'eux-
mêmes, et s'en repentir ; montrons
leur le bien et le mal qui en résultent,
et pour l'ordre social, et pour les
individus eux-mêmes ; montrons leur
enfin l'usage qu'ils doivent, ou peuvent faire de ces passions, soit dans
eux-mêmes, soit dans les autres.

Ces deux dernieres années expirées,
on les rendra à la société.

Mais, s'il était possible que les
enfans ne vissent leurs parens, qu'après
leur éducation terminée, j'y verrais
un grand avantage, pour l'amour
propre des plus pauvres, la modestie
des plus riches, et l'égalité parfaite,
entre tous.

Dépêchons-nous donc de donner une éducation à notre génération nouvelle! Elle vieillit... Et chaque heure, qui s'écoule, lui donne peut-être un préjugé de plus...

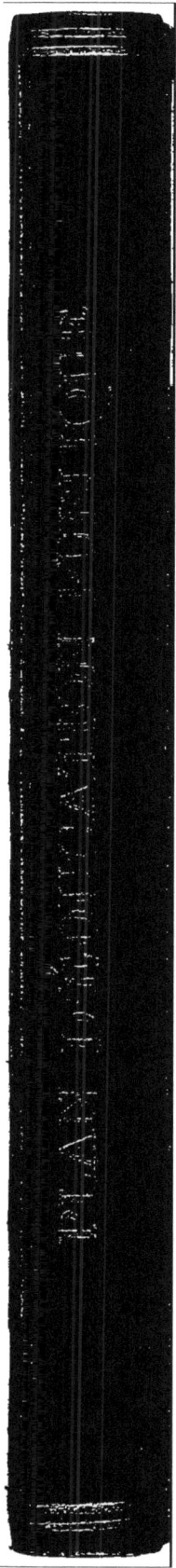

PLAN COMPTABLE GÉNÉRAL